살아 있는 것은
다 아름답다

살아 있는 것은
다 아름답다

신경림 외

동국문학인회 시화집

쏠트라인

■ **인사말**

신경림 시인의 제1주기 추모시화전을 열며

김금용 시인 (동국문학인회 회장)

  올해 동국문학인회에서 4년째 개최하는 '걸개시 전시회'는 특별히 작년 2024년 5월 22일 향년 89세로 세상을 뜨신 신경림 시인의 1주기 추모시화전으로 꾸몄습니다. 신경림 시인의 미발표시 3편과 육필시 1편, 대표시 9편을 실었으며, 『시인 신경림』 1,2권을 낸 이경자 소설가, 장례위원장을 맡으셨던 도종환 시인, 두 분의 추모글 일부를 발췌해 걸개시로 실었고, 정희성, 이재무, 함명춘 시인의 추모시와 회원들의 추모시 및 자유 시편들도 함께 실었습니다.

  저희 동국대 영문과를 나온 신경림 시인은 1988년 동국문학상 제1회 수상자이셨고, 1956년에 《문학예술》로 등단, 시집 『농무』로 만해문학상을 수상했으며 『뿔』 『낙타』 『가난한 사랑의 노래』 『어머니와 할머니의 실루엣』 등 시집발간과 『신경림의 시인을 찾아서』 등, 산문집, 평론집 등으로 대산문학상, 단재문학상, 호암상(예술부문), 4.19문학상 등을 수상하였습니다. 모교 교수와 민족문학작가회의 회장, 예술원회원이었으며 자유민주국가를 위한 민주투쟁에도 앞장서서 실천해오신 분이었습니다.

이에 작년 장례식장은 고인을 잃은 슬픔에 젖은 조문객들로 넘쳐났습니다. 발인날은 충주시 노은면 연하리 노은초교와 생가를 들러 선산으로 올라가는 길이 전국에서 찾아온 조문객들로, 각기 한 사람마다 높이 치켜든 만장으로, 하늘도 우는 듯 출렁거렸습니다.

마침 충주시에서 최근 마련한 신경림기념관에 신경림 유족이 기증한 6천여 권의 책들과 저희 시화전 작품과 책으로 묶은 시화집도 함께 전시될 예정이며, 앞으로 모교에서 시행될 추모 심포지엄 때 시낭독도 곁들일 예정입니다.

신경림 시인의 시 「농무」 「갈대」를 위시한 많은 시편들은 민중적 서정과 깊은 울림으로 고단한 삶에 찌든 소시민들에게 큰 위로와 감동을 주었습니다.

"사람을 강인하게 하는 것은 무엇을 하고 있어서가 아니라 무엇을 하고자 하는가에 있다"고 어니스트 헤밍웨이도 말했지만, 그의 시에는 민중의 삶의 애환을 표현하고자 하는 신념이 있었으며 참문학을 향한 순수 시인정신이 올곧게 살아있었습니다.

평소 한참 어린 후배들에게도 당신을 스스로 낮춰 마음을 열어 들어주며 말과 행동이 일치하는 삶을 살아오신 신경림 선생님! 진정한 시혼을 갖은 시인이었습니다.

이번 신경림 추모걸개시 및 시화집은 특별히 동국대학교 윤재웅 총장과 김춘식 문리학과대학장의 배려와 협조 아래 동국대학교 주최, 동국대학교 문과대학과 〈동국문학인회〉 주관, 만해축전추진위원회의 후원으로 진행합니다. 이에 감사드립니다.

이번 걸개시를 여는 또 하나 숨은 뜻은 독자들에게, 저희 후배문인들에게 신경림 시인의 따뜻한 메시지를 전하고, 그의 정신을 이어받아 나라가 어지러울수록 더 올곧게 선두에 서서 한국 문단의 등대가 되기를 바라는 마음입니다. 그의 시가 주는 감동과 위로가 최근 혼란한 정국으로 실망감을 안겨주는 때에 다시금 정의가 살아나고 실천하는 진리가 공명정대하게 펼쳐지기를 바랍니다.

시인은 떠났어도 시는 살아서 모두의 가슴에 빛나는 별로 영원할 것을 믿습니다.

차례

- **인사말** 신경림 시인의 제1주기 추모시화전을 열며 · 005
  | 김금용 시인(동국문학인회 회장)

1부 故 신경림 시인 추모 특집

육필시	草原	014
미발표시	살아 있는 것은 다 아름답다	016
	월야月夜 2	017
	고추잠자리	018
대표시	가난한 사랑노래 외 8편	019

2부 초대시

도종환	나는 시의 고아가 되었습니다	032
이경자	그곳은 어떤가요, 신경림 선생님	033
이재무	노래를 불러도 흥이 나지 않습니다	034
정희성	신경림 선생이 가셨다	037
함명춘	낙타	038

3부 회원 추모시 및 자유시

강상윤	봄 심기	040
강서일	보이지 않는	042

고미경	어느 장터 모퉁이에서 다시 볼 수 있을까요	044
고영섭	시인 명창	046
공광규	새	048
권성희	아스틸베; 안식	050
김금용	홍어삼합과 신경림	052
김밝은	낯선 바람이 다녀갔다	054
김선아	천둥, 번개는 어디서 웃나	056
김애숙	산수유	058
김윤숭	신경림 시인	059
김윤하	게티뮤지엄, 서 있는 여성	060
김진명	기억의 서랍	062
김춘식	시인	064
김현지	달항아리의 꿈	066
리 산	엔틱한 마음	068
문봉선	우린 아까 애월의집에 다 갔다	070
문정희	산티아고 순례길	071
문효치	지금도 노래는	072

박금성	달	074
박소란	보내는 사람	075
박이영	덕수궁 돌담길 1	078
박인걸	신경림 시인을 기억하며	080
박종일	갈대숲 새떼들 날아가는데	082
박진호	대한민국 독립 만세	084
박판식	먹구름의 앵무새	086
박형준	초봄의 버드나무	088
서정란	봄을 훔치다	089
석연경	우주정거장	090
심봉구	만월滿月	092
양점숙	올해도 목련이	094
염은초	5월 22일	096
우정연	소신공양燒身供養	098
유계영	내가 살고 싶은 땅에 가서	100
윤재웅	천국은 공간이 아니라 시간	102
윤 효	정년	104

이경철	작디작고 가난한 거인	105
이서연	시인의 눈빛	106
이선녀	고향 그림자	108
이영경	신경림 문학상	110
이윤학	말라가는 연못	112
이재무	낙타	114
이혜선	목련의 노래	116
임보선	그 바람으로	117
정민나	홀리몰리 5.4 광장에서	118
정병근	눈길	120
정우림	달의 나이테	122
정일주	소원所願	124
정지윤	이야기가 잘 떠오르지 않는 봄날	126
鄭羲成	근기	127
조미경	봄의 초대장	128
조병무	무슨 색깔이 나올까	130
주선미	토요일 오후같이	132

차옥혜	바람 2	134
최민초	빈 집 1	135
하승윤	눈을 감다	136
허진석	외장하드 유에스비	138
홍신선	찬꽃 한 채	140
황사라	돌아가는 집	142
휘 민	한 사람	144

1부
故 신경림 시인 추모 특집

| 육필시 |

초 원

지평선에 점으로 찍힌 것이 낙타인가
싶은데
좀체 시간이 가도 좀처럼 보습을 드러내
지 않는다.

나무 토막인가 흙에서 집어드는 말똥에서
마른풀 냄새가 난다.

질푸른 하늘 저 편에서 곧이 잠들었을
별들이 새근새근 코 고는 소리까지
들릴 것 같다.

오죽이 내가 풀속에 숨은 작은 벌레보다
더 크다는 생각이 들지 않는다.

내가 가서 살 저세상도 이와 같으리
라 생각하니
갑자기 초원이 두려워진다.

세상의 소용이 전생의 꿈만 같아서 아득
해서
그리고 슬프다.
           2015. 8. 14 만해마을에서
    신경림 쓰다

*참명춘 시인이 소장해온 신경림 시인의 육필시.

| 미발표시 |

살아 있는 것은 다 아름답다 외 2편

신경림

살아 있는 것은 아름답다
하늘을 훨훨 나는 솔개가 아름답고
꾸불텅꾸불텅 땅을 기는 굼벵이가 아름답다
날렵하게 초원을 달리는 사슴이 아름답고
손수레에 매달려 힘겹게 비탈길을 올라가는
늙은이가 아름답다

돋는 해를 향해 활짝 옷을 벗는 나팔꽃이 아름답고
햇빛이 싫어 굴속에 숨죽이는 박쥐가 아름답다

붉은 노을 동무해 지는 해가 아름답다
아직 살아 있어, 오직 살아 있어 아름답다
머지않아 가마득히 사라질 것이어서 더 아름답다
살아 있는 것은 다 아름답다

월야月夜 2

저 길 끝에 어머니가 사시는 동네가 있을 것 같다

아득하고 멀다

달빛도 눈이 부셔 제대로 비추지 못하는 걸 게다

하얀 메밀꽃밭에서만 서성거린다

야윈 손이 드러나는 것이 두려워 나는 자꾸만 주머니 속에 숨긴다

고추잠자리

흙먼지에 쌓여 지나온 마을
멀리 와 돌아보니 그곳이 복사꽃 밭이었다

어둑어둑 서쪽 하늘로 달도 기울고
꽃잎 하나 내 어깨에 고추잠자리처럼 붙어 있다

| 대표시 |

가난한 사랑노래 외 8편
— 이웃의 한 젊은이를 위하여

신경림

가난하다고 해서 외로움을 모르겠는가
너와 헤어져 돌아오는
눈 쌓인 골목길에 새파랗게 달빛이 쏟아지는데.
가난하다고 해서 두려움이 없겠는가
두 점을 치는 소리
방범대원의 호각 소리 메밀묵 사려 소리에
눈을 뜨면 멀리 육중한 기계 굴러가는 소리.
가난하다고 해서 그리움을 버렸겠는가
어머님 보고 싶소 수없이 뇌어 보지만
집 뒤 감나무에 까치밥으로 하나 남았을
새빨간 감 바람 소리도 그려 보지만.
가난하다고 해서 사랑을 모르겠는가
내 볼에 와 닿던 네 입술의 뜨거움
사랑한다고 사랑한다고 속삭이던 네 숨결
돌아서는 내 등 뒤에 터지던 네 울음.

가난하다고 해서 왜 모르겠는가

가난하기 때문에 이것들을

이 모든 것들을 버려야 한다는 것을.

갈대

언제부턴가 갈대는 속으로
조용히 울고 있었다
그런 어느 밤이었을 것이다. 갈대는
그의 온몸이 흔들리고 있는 것을 알았다.

바람도 달빛도 아닌 것.
갈대는 저를 흔드는 것이 제 조용한 울음인 것을
까맣게 몰랐다.
— 산다는 것은 속으로 이렇게
조용히 울고 있는 것이란 것을
그는 몰랐다.

나무를 위하여

어둠이 오는 것이 왜 두렵지 않으리
불어 닥치는 비바람이 왜 무섭지 않으리
잎들 더러 썩고 떨어지는 어둠 속에서
가지를 휘고 꺾이는 비바람 속에서
보인다 꼭 잡은 너희들 작은 손들이
손을 타고 흐르는 숨죽인 흐느낌이
어둠과 비바람까지도 삭여서
더 단단히 뿌리와 몸통을 키운다면
너희 왜 모르랴 밝은 날 어깨와 가슴에
더 많은 꽃과 열매를 달게 되리라는 걸
산바람 바닷바람보다도 짓궂은 이웃들의
비웃음과 발길질이 더 아프고 서러워
산비알과 바위너설에서 목 **움츠린** 나무들아
다시 **고개** 들고 절로 터져 나올 잎과 꽃으로
숲과 들판에 떼 지어 설 나무들아

낙타

낙타를 타고 가리라, 저승길은
별과 달과 해와
모래밖에 본 일이 없는 낙타를 타고,
세상사 물으면 짐짓, 아무것도 못 본 체
손 저어 대답하면서,
슬픔도 아픔도 까맣게 잊었다는 듯.
누군가 있어 다시 세상에 나가란다면
낙타가 되어 가겠다 대답하리라.
별과 달과 해와
모래만 보다 살다가,
돌아올 때는 세상에서 가장
어리석은 사람 하나 등에 업고 오겠노라고.
무슨 재미로 세상을 살았는지도 모르는
가장 가엾은 사람 하나 골라
길동무 되어서

농무

징이 울린다 막이 내렸다
오동나무에 전등이 매어달린 가설무대
구경꾼이 돌아가고 난 텅 빈 운동장
우리는 분이 얼룩진 얼굴로
학교 앞 소줏집에 몰려 술을 마신다
답답하고 고달프게 사는 것이 원통하다
꽹과리를 앞장세워 장거리로 나서면
따라붙어 악을 쓰는 건 쪼무래기들뿐
처녀애들은 기름집 담벽에 붙어 서서
철없이 킬킬대는구나
보름달은 밝아 어떤 녀석은
꺽정이처럼 울부짖고 또 어떤 녀석은
서림이처럼 해해대지만 이까짓
산구석에 처박혀 발버둥친들 무엇하랴
비료값도 안 나오는 농사 따위야

아예 여편네에게나 맡겨 두고

쇠전을 거쳐 도수장 앞에 와 돌 때

우리는 점점 신명이 난다

한 다리를 들고 날라리를 불꺼나

고갯짓을 하고 어깨를 흔들꺼나

별이 보인다

광화문 광장을 가득 메운 사람들 사이에
사막과 초원까지 가서 찾던 별이 보인다

술집을 메운 내 옛친구들의 야윈 얼굴에
죽은 친구들 멀리간 친구들이 어른대는 술잔에
그리움과 눈물로 주고받는 술잔에
이것이 나라냐는 탄식 속에 별이 보인다

새로운 세상을 꿈꾸는 어린 눈망울에
엄마와 아빠 딸과 아들이 함께 부르는 노래속에
서로 잡은 손과 손 어깨와 어깨 사이에
인도와 소백산까지 가서 찾던 별이 보인다

너무 어두워 서울 하늘에서는 사라진
반짝반짝 빛나는 별이 보인다

눈비도 아랑곳없이 늦도록 흩어지지않고

앞으로 나아가는 촛불들 사이에 별이 보인다

겨울 바다 1
— 격포에서

새빨갛게 단 갈탄 난로 위에서
커다란 양은 주전자의 엽차가 끓고
허벅지까지 덮은 장화에서
뚝뚝 바닷물이 떨어지는 두 어부가
큰 소리로 날씨 걱정을 한다
볼이 빨갛게 단 아가씨가 바라보는 창 너머
바다는 시커멓게 성이 났다
다방을 집어삼킬 듯
으르렁거리며 다가왔다가는
짐짓 뒷짐을 지고 물러나고
출어 안 나간 고깃배 두 척이
안간힘을 쓰며 방파제에 매달려 있다

이쯤에서

이쯤에서 돌아갈까 보다
차를 타고 달려온 길을
터벅터벅 걸어서
보지 못한 꽃도 구경하고
듣지 못한 새소리도 들으면서
찻집도 기웃대고 술집도 들러야지
낯익은 얼굴들 나를 보고는
다들 외면하겠지
나는 노여워하지 않을 테다
너무 오래 혼자 달려왔으니까
부끄러워하지도 않을 테다
내 손에 들린 가방이 텅 비었더라도
그동안 내가 모으고 쌓은 것이
한 줌의 모래밖에 안된다고
새삼 알게 되더라도

파장罷場

못난 놈들은 서로 얼굴만 봐도 흥겹다
이발소 앞에 서서 참외를 깎고
목로에 앉아 막걸리를 들이켜면
모두들 한결같이 친구 같은 얼굴들
호남의 가뭄 얘기 조합 빚 얘기
약장사 기타 소리에 발장단을 치다 보면
왜 이렇게 자꾸만 서울이 그리워지나
어디를 들어가 섰다라도 벌일까
주머니를 털어 색시집에라도 갈까
학교 마당에들 모여 소주에 오징어를 찢다
어느새 긴 여름해도 저물어
고무신 한 켤레 또는 조기 한 마리 들고
달이 환한 마찻길을 절뚝이는 파장

2부
초대시

나는 시의 고아가 되었습니다*

도종환

신경림 선생의 영혼은 낙타를 타고, 아무것도 못 본 체······ 슬픔도 아픔도 까맣게 잊었다는 듯 그렇게 가고 계실까요?

많이 방황하던 이십 대에 신경림 선생의 시를 읽고 나는 절망스럽게 보낸 문학 청년기의 얼룩들, 그때까지 쓴 원고들을 불 태우고 "아무렇게나 살아갈 것인가"라는 질문에 대답을 찾는 일이 중요하다고 생각했습니다.

신경림 시인이 없는 이 나라 문단, 나는 시의 고아가 된 것 같습니다. 시의 아버지를 잃은 아이가 된 것 같습니다. 눈물이 발등에 떨어집니다

* 2024년 8월 계간《시작》제23권 제3호(통권 제89호) 45p, 46p 부분발췌.

그곳은 어떤가요, 신경림 선생님*

이경자

정릉에 가 볼까, 선생님 댁 아파트 정문에 서 있어 볼까.

일산 호스피스 병동에 계실 땐 '이 지구에서 한 시인이 떠나려 한다'라는 문장을 가슴에 품고 지냈습니다.

거의 90년을 사시던 지구 별
 오늘은 그 길의 어디쯤에 계실까요?
 가장 먼저 만나셨을 어머님. 웃으시며 우리 착한 아들, 고생 많았다. 이제 괜찮다……

'경자는 괜찮아.'
 선생님께서 지구에서 해 주신 이 말씀에 제 야윈 등을 기대 보도록 하겠습니다. 선생님!

* 2024년 8월 계간 《시작》 제23권 제3호(통권 제89호) 36p 부분발췌.

노래를 불러도 흥이 나지 않습니다
— 신경림 시인 영전에

이재무

선생님의 구성진 목소리에는
언제나 낮은 서정의 봄비가 내렸어요.

누구하고나 친구가 되어
허물없이 농담을 주고받았던 선생님
못난 사람도 잘난 사람도
한동네 친구로
시시껄렁한 우스개를 즐길 수 있었지요.

밑바닥 인생들을
온몸으로 뜨겁게 사랑하고
높지 않은 목소리로
크게 울림을 주셨습니다.

하지만 불의 앞에서는 불꽃이 튀기도 했어요.

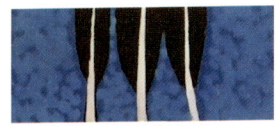

이 땅의 산하와 가난한 살림과 선한 사람들을
우리 가락으로 노래하신 선생님

글과 사람됨의 차이가 없이 사시더니
불쑥 우리 곁을 떠나셨군요.

선생이 떠난 이곳은
막 여름이 시작되는 계절인데도
<u>으스스</u> 한기가 몰려옵니다.

선생님이 안 계신 인사동은
마냥 쓸쓸하고
선생님이 안 계신 북한산은
더욱 적막하기만 합니다.

이제 술을 마셔도
노래를 불러도 흥이 나지 않습니다.

우리들의 시의 아버지,
우정의 삼촌이고 친구였던 선생님!
선생님이 즐겨 부르던 노래 읊조리며
목이 멥니다.

신경림 선생이 가셨다

정희성

나는 이 어른을 선생이라 부르거니와
선생은 못난 나를 친구처럼 대해 주셨다
못난 놈들은 서로 얼굴만 봐도 흥겹다며
세상사 물으면 짐짓 손 저어 대답하면서
선생은 홀로이 슬픈 낙타처럼 늙으셨다
평생을 해와 달과 별과 모래만 보고 살다가
무슨 재미로 세상을 살았는지도 모르는
가장 가엾은 사람 하나 등에 태우고
홀연히 이 메마른 세상을 떠나가셨다
먼 길 길동무 하나 없이 홀로이 가셨다
오늘 선생의 「파장」과 「낙타」를 다시 읽으며
나는 눈물을 삼켜 선생을 전송餞送한다

낙타

함명춘

종소리가 멀리 갈 수 있는 건
그 속에 낙타가 있기 때문이다

언덕을 지나 산을 넘어
사막을 지나 세상 끝나는 곳까지

주저앉지 말라고, 포기하지 말라는
그 한 짐 종소리를 전하기 위해

지금 이 순간도 등에 짊어진 채 뚜벅뚜벅
낙타가 걸어가고 있기 때문이다

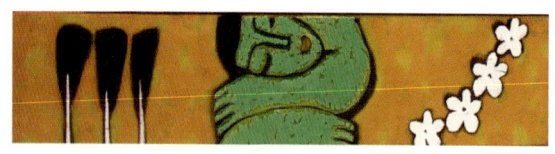

3부

회원 추모시 및 자유시

봄 심기

강상윤

어~허~ 봄 다알구여~ 한 세상 잘들 속였으니
표시 안 나게 아주 안 보이게 꼭꼭 심어다오
할아버지 앞에 겸상하듯이 꼭꼭 심어다오
떠돌이 유랑병도 고치고 굼뜬 세월 수상한 것들로
가족을 속이고 세상을 속인 것들도 고쳤으니
아주신씨 우리 할아버지 앞에 다소곳이
심어다오 어~허~ 봄 다알구여~
여력이 된다면 남해 바다 충무에서 섬진강으로
뱀사골로 새재 넘어 남한강 넘는 봄의 소리를 심어다오
꼭꼭 심어다오 오는 길에 만난 사람들 원혼들
부르튼 손과 발 터지지 않게 봄의 온기를 심어다오
꼭꼭 심어다오 어~허~ 봄 다알구여~
해 다 저문 길음시장 냉이 달래 한 움큼씩 사 들고
우리 어머니 입맛 나게 봄의 향기를 심어다오
꼭꼭 심어다오 어~허~ 봄 다알구여~

한 세상 잘들 속였으니 표시 안 나게 꼭꼭 심어다오
할아버지 앞에 겸상하듯이 꼭꼭 심어다오

보이지 않는

강서일

보이지 않는 시간을 보려고
사람들은 시계를 만들었다

보이지 않는 바람의 길을 보려고
늙은 사냥꾼은
순록의 가슴털을 공중에 뿌렸다

사람들은 또 들을 수 없고
맡을 수 없는 것을 맛보기 위해
숫자에게 말하는 법을 가르쳤다

그러자 어느 날
神은
어느 눈 내리는 겨울 날

천지를

하얀 천으로 덮어버렸다

어느 장터 모퉁이에서 다시 볼 수 있을까요
— 신경림 오마쥬

고미경

  삼월아, 불러보는 봄날인데 희끗희끗 진눈깨비 오누나. 팔자 사나워 눈도 되지 못하고 비도 되지 못한 요령잡이처럼, 흐엉흐엉 흐흐히히 울음 속에서 웃음 꺼내는 광대 꼭두처럼 진눈깨비 오누나. 장바닥을 떠돌며 늙어버린 악사도 떠나고, 그가 사랑했던 틀국수집 노파도 떠나고, 금전꾼도, 약장수도, 색기 뚝뚝 흐르던 주모도, 봉놋방도 떠나고 램프불도 꺼졌는데 목이 허옇게 쉬어버린 곡비처럼 진눈깨비가 오누나. 늙은 악사의 젖은 노래만 남았다고, 가늘게 눈뜨고 천 년을 배시시 웃는 얼굴무늬 수막새 같은 노래만 남았다고….

시인 명창
— 신경림 시인 1 주기를 맞으며

고영섭

귀명창이 있어야 소리 명창 있듯

소리 명창 있는 곳에 귀명창 있네

국토 순례 민요 기행 보부상 따라

길 위에서 캐어 올린 노래 노래들

갈대와 농무 가난과 사랑을 안고

긴 감상과 수련으로 얻어낸 소리

귀명창을 만나서 완성시킨 소리

북장단 사설 곡조 추임새 따라

아아, 노래 중의 노래인 향가 이어서

피 토하며 얻어낸 명창의 득음.

새

공광규

오늘 제천에서 상경 중
충주를 지나오는데
새 한 마리 높이 떠서 나를 내려다보고 있었다

지난해 넓고 둥근 소매 끝동을
금색으로 두른 옥색 수의 입고 날아올라
새가 된 시인이 생각났다

그는 저 높은 곳에서
점으로 보이는 나를 내려다보며
살아있어서 아름답다고 칭찬하실 것만 같았다

지칭개와 개망초와 씀바귀 꽃이 피어 있던
느티나무가 잎을 내던
연하2리 상입장길에서였다

아스틸베; 안식

권성희

노트북 테두리에 드리워진 아스틸베

그를 낳았지만, 그의 마음을 얻지 못했다는 것을 알고서
아스틸베는 한껏 울음을 터뜨린다

화면 속,
아스틸베의 울음으로 가득 찬 세상에서

그는 처음으로

평안함을 느꼈고,
진정한 안식에 빠져들고 있다고
그 어떤 것보다 더욱 아름다운 순간이라고 생각한다

언젠가, 손에 쥐어진 샐비어 모양의 하얀 꽃 아스틸베는

기약 없는 사랑, 소용없는 일이란 의미를 감추고

식물 공원의 사람을 향해 거슬리게 묻지 말라는 당부로
꿈꾸는 자를, 또다시 잠식하려 든다

홍어삼합과 신경림

김금용

꼬릿한 홍어삼합이 나오면 신경림 선생님이 절로 생각난다
모교 후문 허름한 홍어집에서
당신 삶이 삭힌 홍어만큼 발효가 잘된 것 같냐,
마주 앉은 내 울림통을 두들기시더니
학교 개구멍을 빠져나온 말썽꾸러기 학생들처럼
신경림 선생님은 후배 몇몇과 모의를 했다
광주행 KTX를 타고 영산포의 진짜 남도 홍어삼합을 맛보자는 것

가난과 민주항쟁 시위로 편할 날이 없던 고된 삶
누구나 삶은 귀하고 동등하다는 것을
광장으로 직접 나가 몸으로 시로 토로해 온 신경림 선생님

만장을 들고 생가를 돌아나가는 논길 옆
오래된 느티나무가 만장을 들고 뒤쫓는 나를 부른다

거짓말 잘하는 허세꾼들 와서 보라고 해
우리 신경림 큰 거인한테 배우라고 해
신경림 선생님만큼 홍어삼합 단내를
삶과 시에서 풍기는 이 있나 돌아보라고 해

낯선 바람이 다녀갔다
— 남바람꽃

김밝은

당신의 말에서
욕심을 버린 바람 냄새가 났다

봄날 하루를 맛있게 오물거리던
입술을 달싹일 때면 잇몸 사이 만개하던,

순하디순한 말과
말이 피워낸 이름을 손에 쥐면
캄캄한 내일쯤 잠깐
잊어버린 얼굴이 되기도 했다

어쩌다 놓쳐버린 말꼬리에서 자라는
알쏭달쏭한 마음들에조차
친절한 각주를 풀어놓지 않아도 그만이었다

동백이 지고 있다는 소식이 발밑에서 들썩여도

당신,

여전히 세상의 얼굴을 곁눈질하지 않았다

천둥, 번개는 어디서 웃나

김선아

남루한 빌라가 차곡차곡 쌓이니 오히려 걸을 만해진 비탈길

그 너머로 사통팔달 지름길 있기라도 한 걸까

현수막마다 구멍 뚫려 있다.

그 구멍은 회오리도 날벼락도 물리치는 피뢰침인 게 분명하다.

지난밤 집중호우 그렇게 격렬했는데, 현수막은 안녕하다.

거기까지 용케 뻗어 올라간 호박 넝쿨 한군데도 찢어진 곳 없다.

천둥, 번개도 현수막 구멍에 앉아 구명조끼처럼 웃고 있다.

산수유

김애숙

맨 앞에 선 기수가
노란 깃발 들어 올렸다

"기준!"

앞에서부터 옆으로 줄을 서는
개나리 진달래 목련…
뒤로, 벚꽃 철쭉 라일락…
신속하게 팔 벌려
오와 열을 맞춘다

노란 기수의 선창에
일제히 소리 질러
봄의 진군을 알린다

"이제 보오오옴!!!"

신경림 시인

김윤숭

신사적인 면모인가
경도되는 인상인가
림제 같은 풍류 시인이지

게티뮤지엄, 서 있는 여성

김윤하

길게 길게 늘어난 그녀를 올려다본다

온몸에 검은 손자국을 한 채
가린 뒷배경은
발아래 슬픔의 기억을 새하얗게 지우고 있다

앙상하게 뼈만 있는 그녀
높고 먼 시선에 가득 찬 표정을
나는 안경을 끼고도 해독할 수 없다

다만 쳐다볼 뿐
그렇게 서 있을 뿐

매번 넘어질 위기를 견디는 시간이 쇠꼬챙이 같다

홀로 서 있는 무대

바라보는 서로의 얼굴이 겹쳐지는 순간

내가 갇히고 만다

기억의 서랍

김진명

다락방 먼지 쌓인 서랍을 여니
골목길 고무줄놀이와
어머니 다듬이 소리가 들린다

어떤 서랍에는
뱀이 몸을 말고 잠들어 있다
날 선 비늘과 독을 품은 이빨
기억 주위에 이끼가 자라
미약한 떨림으로 전율한다
바람이 스칠 때마다
그 뱀은 꼼지락거린다

어떤 서랍에는
상처로 봉인된 반창고가 붙어 있다
틈새로 검은 안개가 흘러나올 때

나는 깨닫는다

그냥 놓아두자

강물처럼 상처가 가라앉을 때까지

나는 다시 기억의 서랍을 닫는다.

시인

김춘식

우주를 담은 라다크 고원의 밤하늘과
고산병에 허덕이던 초원 위에서
낙타의 눈썹은 길고 서러웠네

사람이 꽃이라고

그날 초원의 환영 속에서
무엇을 보셨나
작지만 뜨거웠던 한 사람의 뒷모습과
먼 이국의 먼지 위에 찍힌 발자국

석양이 기울수록 점점 늘어나던 지친 그림자가
보라색 입술로
오월의 바람과 꽃그늘 사이에 숨소리를 섞고 있어

달항아리의 꿈

김현지

빛도 어둠도 다 몰아낸
고행의 숯굴 속

구백, 천, 숨 막히게 타 올라
연기마저 산화한 무형의 시간
차라리 황홀했습니다

뼛속에 다진 마지막 말도
한낱 불순의 무게
제 모습 버린 뒤에야 만나는
제 이름 지운 뒤에야 보이는
마알간 목숨의 결정潔淨

꿈꾸는 자유만 허락하십시오

엔틱한 마음

리 산

흙벽을 다 부수며 폭풍우가 몰아치고
비바람으로도 씻기지 않은 애련에 물든 새가 있다

새는 건물 유리창에 비치는 나무를 본다

빗물에 젖은 하나의 이미지만을 바라보고 바라보느라
남은 생을 다 쓴다

북소리가 들리고 담장이 무너지고
함께 울던 옛 친구들은 무덤으로 감옥으로 떠났다

숲은 강 건너편에 있었다

곧 마지막 낙하의 순간이 올 것이다

더 이상 울지 않는다

혼자 남을 것이다

우린 아까 애월의집에 다 갔다

문봉선

월경을 꿈꾸다
문지방에 걸려
달의 치맛자락에
해당화 피었습니다

산티아고 순례길

문정희

나를 만날 수 있는 것은
나뿐인가
하늘 아래 가득한 질문 하나

지금도 노래는

문효치

참 좋은 시로
큰 감동을 주시고
많은 박수를 받으시더니

님은 지금 어디쯤에서
누구와 만나고 계시는지

남겨주신 노래가
지금도 귀를 울리네요

무슨 글 쓰시느라 골똘하신지
아무 말씀 없으시네요.

달

박금성

새벽 강에 몸을 던져
출구 없는 그물에 내가 갇혀도

물결 잠드는 소리를 기다려
낚싯줄 드리우고
공산을 낚아갈 눈 먼 촌노

보내는 사람

박소란

봉투에는 아무것도 적혀 있지 않다
이름 없는 봉투

어느 날 문득 손에 쥐어진 봉투는
어딘가 낯이 익고
그 사실이 나를 조금은 안도하게 한다

어쨌든 봉투라는 사실
봉투는 어디에나 있고 어떤 서랍에나 어울리지 자연스럽게
간직할 수 있다니까

 비밀을 써내린 편지나 추억의 손 끝에 닿아 귀퉁이가 해진
이야기책 같은 것,
  핏자국이 찍힌 문서 같은 것,
  그런 것은 아닐테지만

끝내 열지 못한 봉투

언젠가 나는
빛 바랜 봉투 하나를 불 태운 적이 있다
열기가 가시지 않은 가루를 모아 서둘러 나무 아래 묻은 적이 있다

봉투 하나가 아무런 자취도 없이 사라질 때
그리고
다시 나타날 때
우편함이 망가져버린 집앞에 문앞에 눈앞에
실수로 모습을 드러낸 정령처럼

받는 사람도 보내는 사람도 없이

나는 신을 믿지 않는다
믿지 않는 나를 더더욱 믿지 않는다

우편취급소에 가면 근면한 직원이 있고
그는 아무것도 발설하지 않겠지
몇 개의 동전을 거슬러 줄 뿐 적당한 웃음으로 나의 의심을 다독일 뿐

감사합니다 안녕히,

마지막 인사를 전할 때
나는
슬퍼하지도 기뻐하지도 않는다 중요한 것은 언제나 봉투 안에 있다

덕수궁 돌담길 1

박이영

연인들의 서사로敍事路

나의 작은 사치로奢侈路

목소리 앞지르지 않는

해와 달 옆에 끼고

은행잎 눌러 쓴 돌담 위에는

고흐의 별들이

꽁냥꽁냥 손잡고 가는 길

너의 이름을 다시 불러 봐도

넘치지 않는

우리들의 작은 향수로路

신경림 시인을 기억하며

박인걸

그의 발자취 따라 어둠 속 깊은 곳
신경림의 목소리가 들려온다
시의 바다에서 그의 가슴 속 진실이
우리에게 속삭인다

잊혀진 이야기들, 그의 시는 삶의 진실을 담고
고독의 외로움 속에 우리의 마음을 비춘다
언제나 그의 글은 바람처럼, 거리의 소음처럼
우리 곁에 머물러 있다

사랑과 정직 형언할 수 없는 사랑을
그는 시로 풀어냈고
정직한 눈으로 세상을 바라보았다
소외된 자들의 아픔을 그의 시는 담아내었고
우리에게 묻는다 "너는 어떻게 살고 있니?"

그의 미소를 기억하며

이제는 그의 미소가 별이 되어 빛난다

그의 목소리, 여전한 울림으로 잊지 않으리, 영원히

갈대숲 새떼들 날아가는데

박종일

강둑 길 하늘을 날아가는 저 운무
갈대가 물속에 뿌리를 깊게 내리고
바람따라 서걱거린다
강을 건너오는 새 몇 마리
날개를 퍼덕거리며
높이높이
날아올라다오
그러므로
이 발걸음으로 세상을 어찌하겠는가

시 「갈대」로 유명한 신경림 시인을
난 잘 모른다
갈대를 베껴쓴지
원고 때문에 만나뵌지 벌써

대한민국 독립 만세

박진호

국립 현충원을 걸으며 감사한다
김상옥 의사 서울 승리의 표상
서울 시가전 의거의 순국으로
의열 투쟁의 선봉이 되었다

김구, 조소앙 선생을 따른 의열단원들
손문, 장개석의 무관학교 출신이 많다
김구, 조소앙 선생의 용단으로
카이로 선언, 얄타회담, 포츠담 선언 이루었다

의병, 독립군, 의열 투쟁, 광복군
장장 51년의 투쟁 삼십만 이상의 희생
35년만의 독립
대한민국 독립 만세

먹구름의 앵무새

박판식

그래봤자 파산 없는 인생이 무엇을 알까요
집도 쓸려가고 과수원도 진흙탕이 되고 농기계도 없어진 텅 빈 마당에
경북 김천 사람이 서 있네요

살아남은 사람은 각자의 빚을 갚아야합니다
내가 죽고 싶을 때 죽는다는 것은 기적입니다
자연은 무자비하고 순수한 어린 아이입니다

간선버스를 놓치고 전철을 놓치고 손님을 놓치고
오늘따라 접시도 깨지고 분식점 아주머니는
가게를 접고 석 달은 그냥 신나게 놀겠다고 말합니다
고개를 끄덕이게 하는 즐거운 거짓말입니다

혼자 머리를 감고 빵집에서 근사한 식사를 하고 서류를 몇

장 넘겨보다가

   사무원처럼 빈 몸으로 퇴근하는 행복을 맛보고 싶습니다

   비가, 나무 없는 나무의 열매들처럼 하늘에서 쏟아집니다

   다 담을 수 있을까요

   그래도 덧없음보다는 불행이 낫지 않을까요

   나는 먹구름의 앵무새

초봄의 버드나무

박형준

나뭇가지에 앉아 있다 떠나간 새
망각 속에 하얗게 손을 내밀다
잔영만 남기고 떠난 당신

망자의 넋을 건지느라
잎사귀를 강물에 드리운 초봄의 버드나무

나무와 강변 사이
쓸쓸함이 깊어갑니다

나뭇가지에 머물다 날아간
당신의 흔적
망각 속에 당신이 있어 행복합니다

봄을 훔치다

서정란

불씨 담은 봄빛 한움큼

나무 정수리에 쏟아놓습니다

죽은 성기처럼 고독한 중심으로

전율이 흐르고

죽음같이 숨 죽였던 나무들이

새 심장을 달고 깨어납니다

탱탱하게 발기한 새 숨들이 폭발할 것 같은

전운이 감도는 기운을 훔치고 싶은 봄은

내 마음의 화약고입니다

우주정거장

석연경

무중력의 문을 열리라

풍채 좋은 해골의 커다란 동공에
어둠의 휘장이
오로라 춤을 춘다

화혼華婚을 펼치는 백작약
꽃 피기 전에 노래하고
죽은 후에도 눈을 떠서
방언을 읊조릴 때

시인은 먼저 간 사람의 뼛가루를
은하수에 뿌리러 간다
옛집으로 돌아오겠다는 것은
말의 유영이자

지극한 살아 있음의 춤이지만

송홧가루가 잔별처럼 터져 날리고
미지의 우주로 항해가 시작된다

만월滿月

심봉구

가녀린 초승달
사내 뭇별 뾰족한 입술로
다투어 핥아대더니

기어이
팔월공산 화투장처럼
만삭이 된 보름달

밤안개 깔고 누워
비릿한 신음으로 뒤척이다
새벽이슬 양수로 흘리고는

이른 아침
나팔꽃 몇 점 낳고 또
차례차례 만상을 낳더니

가마귀 울음 물고

아스라이 스러지네

만리장공 어드멘가

올해도 목련이

양점숙

뒤뜰 목련 배시시
손짓하며 웃네요

아이가 벙글벙글
환하게 따라 웃네요

난 당신
새 주소를 몰라
이 봄날 보낼 수 없어요

5월 22일

염은초

진한 국화향이 나던 날이었습니다

단상 위에 웃고 있는 모습과
눈이 붉게 충혈된 검은 옷차림의 사람들

갈 곳 잃은 말이 말을 물고 달려
어디에 멈춰서야 할지 몰라 서성이다
미지근한 국을 쉼표 삼아 뜨는 날이었습니다.

검은 물결 속에서 홀로 반짝이던 날

한 사람이 비운 자리는 그런 날이었습니다.

소신공양燒身供養

우정연

산속 암자 불일암佛日庵, 님께서
애지중지 키웠다는 홍매를 만났다, 그는

겨우내 북풍에 시달리느라 움츠렸음에도 두 볼에
함초롬한 웃음 머금었고 꽁꽁 언 손가락, 발가락까지
발그레하니 붉다.

솔가지가 찢어질 듯 파고드는 소소리바람에
얇은 옷자락 보일 듯 말 듯
숨은 가슴까지 타던 불이 옮겨와 붉게 일렁거린다.

추위와 어둠에도 입 다물며 건너와 응달진 구석구석
밝게 비추려고 제 몸 활활 태우는 중이다.

불일암 홍매는, 꽃만 붉은 것이 아니다.

뼛속부터 불그스름하니 온몸 불사르는 중이다.

그 온기로 산 아랫마을까지 훈훈하다.

내가 살고 싶은 땅에 가서*

유계영

시인의 시비 앞에 멈추어 서서
산 사람의 말 뜻 몰라 자유로우신가요
묻는다 물어도

나는 바람 읽을 줄 모르니 알 수 없겠지

나뭇잎에 오종종 매달린 이슬 손바닥에 모아
흘러가도록 둔다

열여덟 살 백일장에서 시 쓰다가
내가 그린 장미 꽃잎 거뭇거뭇해

친구가 볼까 봐 얼른 제출하고 뛰어가는데

가난한 아이야 너의 슬픔 환하구나

시인의 음성

선명히 들렸었는데
시인의 시비 앞에 잔바람 이제 읽을 줄 몰라

길이 없어 길을 잃는 바람도 없어
자유로우신가요 물어도
누가 들을 줄 몰라

* 신경림 시집 『뿔』(창비, 2002)에 수록된 작품 제목을 빌렸다.

천국은 공간이 아니라 시간

윤재웅

어느 봄날
이태리 피렌체에서 나는 보았네.

유모차에 앉은 개에게
아이스크림 먹이는 할아버지를

할아버지 한 입
다음엔 개 한 입

할아버지가 혀로 핥고 나면
개는 다음이 자기 차례인 걸 알고

천국인 듯 껑충거리며
벌나비처럼 붕붕거리지.

그 순간 나는 깨달았네.

천국은 공간이 아니라 시간인 것을…

정년

윤 효

모임 날짜 하나 골라 달라는 문자가 왔다.

살펴보니 세 날 모두 괜찮았다.

한 날을 적어 응신했다, 그 하루가 마침 비었다고.

하마터면 세 날 다 된다고 답할 뻔했다.

작디작고 가난한 거인
— 신경림 시인 영전에

이경철

저만치 활개 치며 걸어오는 키 작은 사람 보면
선생님 부르며 달려가 와락 안겨들고 싶다
충주 고향 선산에 모신지가 그 얼마인데

거리 거리 채우며 밀려가는 촛불 촛불들 보면
맨주먹 무릎 으깨가며 나라 걱정하는 선생님 피어난다
활활 타올라 우리 시대 시성詩聖으로 승화한 지 그 얼마인데

산동네 골목에서 남한강 북한강 정릉천변서
작디작은 사랑 노래 장돌뱅이 타령 신명으로
어화둥둥 함께 어우러지는 우리 시 고향이여.

시인의 눈빛
— 故 신경림 선생님을 추모하며

이서연

시가 씨가 되고 나무가 되고
열매가 되는 길에서
가장 필요한 게 시인의 가슴이라
미소로 새겨 주신 분

시가 노래가 되고 향기가 되고
시대가 되는 자리에서
가장 절실한 게 시인의 영혼이라
언어로 박아 주신 분

시가 뿌리가 되고 길이 되고
그 시에 시인이 되어야 함에
가장 태워야 할 게 시인의 눈빛이라
무언으로 전하신 분

지금도 잊지 말라 기억하라

바람으로 신호를 보내는 분

고향 그림자

이선녀

강바람 훈훈하게 맑은 하늘 담아 간다
주황색 양철지붕 목계나루 고향 터에
실눈 뜬 햇살 너머로 갈대 목이 흔들린다

소년의 산책길도 천진하게 우쭐대고
논두렁 고무신도 해맑게 벙그는데
책 읽던 꼬마 시인은 별이 되어 웃는다.

신경림 문학상

이영경

받고 싶은 상이 생겼다
그를 기리며……

메아리가 있는 산, 울창한 산의 대답
다시 봄이 오고, 새순은 돋아났다

그의 제자가 되어 살아가는 시인들
시인을 존경하는 사람들

'신경림 문학상'을 축하하며
그를 평생 기억할 것이다

'하늘은 날더러 구름이 되라 하고
땅은 날더러 바람이 되라 하네.'*

천재적 작가로 살아왔던 세월

수많은 보석 중에 가장 빛나리라

* 신경림 시인의 「목계장터」 중 한 구절.

말라가는 연못

이윤학

너에 대한 그리움 때문에
저 말라가는 연못의 숨이
입 맞추는 거라 생각된다.

흙탕물이 끝없이
수천의 입을 열어
대상 없이,
입 맞추는 한낮의 연못.

아 다급하다.

살고 싶어 안달하는
수천의 물고기를 가둔 연못
숨이 차다.

높이 떠오르는

연꽃 한 송이.

낙타

이재무

과연 그는,
생전의 소원이던
낙타가 되어
세상에서 가장 어리석은 사람 하나
등에 업고
세상에서 가장 가엾은 사람
길동무 되어
슬픔도 아픔도 까맣게 잊고
별과 달과 해와 모래밖에 없는
사막을 걷고 있을까?
터덜터덜 걷다가
발밑에서 모래가 울고
한밤중 올려다본
하늘에서 사태 되어 쏟아지는
휘황하고 찬란한 은하에

차마 눈멀었을까?

소음에 어지럼증 앓는 날은

나라 바깥의

먼 사막을 떠올리고

낙타가 되어

발자국도 없이 걷고 있을

그를 그리워한다.

목련의 노래

이혜선

일찍이 나는 순백의 맨발

우주의 아이였지요

비취의 하늘밭을 뛰어 다녔어요

하늘 자궁에서 자라나 어머니의 궁전으로,

티없는 이 땅에 별이 되었지요

오늘도 비취의 하늘땅을 바라

죄없는 사랑을 노래한답니다

이 땅의 사람들을, 나무와 풀잎과 바다를,

그 바람으로

임보선

잠시
내 옷깃 여며 놓고
스쳐간 바람아

우리 집 늙은 감나무
정신 없이 흔들어 놓고
그냥 간 바람아

마당의 석류꽃
자지러지게
피게 하던 바람아

어느 천년 어느 세월에
그 눈빛으로 살 섞으며
우리 다시 만나랴

그 바람으로

홀리몰리* 5.4 광장에서

정민나

물은 바다에 닿았어도 쉴 날이 없다. 여전히 부딪히고 떠밀리다 치고받고 주먹질까지 한다.

아아아아아 소리치며 다방향으로 치달리다 시위하듯 여기저기 충돌한다. 바람이 불면

거꾸로 박히는 저 물들, 하얗게 피를 흘린다. 고름같은 피가 씻겨나가고 바닥에 고여있는 찌꺼기를 비어내면 파도를 타듯 리듬을 타듯

물결의 가지 끝을 구부린다. 물과 바람의 원리를 알았다는 듯 바다는 싯푸른 새싹을 가동한다. 뽀글뽀글 섞이는

효소, 오늘 생산한 칭다오 맥주같은 세계인들, 아직 오지 않은 봄, 험한 그 일을 개시開市 하려고 바다의 발밑에서 넘실넘실 올라온다

* Holy moly 어머나, 세상에.

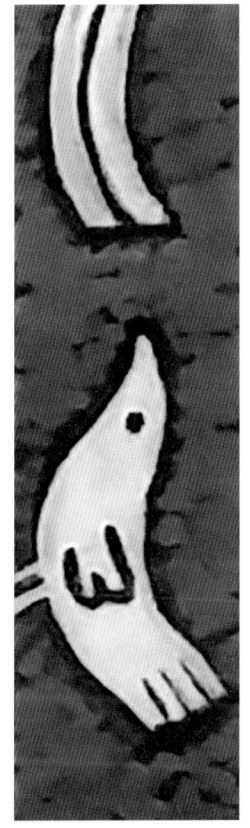

눈길

정병근

공원 산책로 옆 맨발 황톳길
오십 중반쯤 돼 보이는 여자가
질퍽거리는 황토를 밟으며
지나가는 나를 빤히 쳐다본다

뭔가 애틋하고 아쉬운 표정이 역력해서
하마터면 아는 척할 뻔했다

짧고 긴 순간을 지나며
눈길을 피하지 않고 마주 쳐다보자
양자역학적인 표정으로 빠르게 눈을 깜박인다

그 잠시 사이에 무슨 생각을 했을까

사람을 오래 쳐다보는 사람은

사람을 후회하고 있다

옛날에 아쉽게 헤어진 사람이
여자의 눈 안에 불쑥 들어왔을까

어쩌면 여자는 나를 쳐다보면서
못다 한 사랑을 생각했을지 모른다
후회 없이 불태우고 싶었을지 모른다

달의 나이테

정우림

흰 고무신 한 켤레

현관 앞에 나란히 놓여 있다

아침에 일어나시면 제일 먼저 신발을 닦으신다

죽음의 공간을 마련하며 하루를 예언하는 사람

세수를 하는 것보다 신발을 씻는 것이 먼저

먼 길을 떠날 때 몸을 가볍게 단장하고 신을 신는다

마치 마지막 발걸음인 것처럼 달 속으로 걸어 가신다

17문 고무신 225mm 아주 작은 발

여든 아홉 고개를 넘어간 고단한 발

고무신 닮은 어린 짐승의 발자국 따라

첫눈이 오고 있다

소원所願

정일주

엄마는 마루에 앉아
내 손을 꼭 잡고 말했지

초승달 바라보고
내 얼굴 바라보며

초승달에 꿈을 채워
보름달 되라 하셨지

초근목피 그 시절
초승달에 꿈을 담던 엄마

아들 걱정 하다
상현달 되어 떠난 엄마

보름달에 비쳐오는
보고 싶은 얼굴

뒷동산 허리 굽은 할미꽃
불효자를 맞아 주네

이야기가 잘 떠오르지 않는 봄날

정지윤

다음 이야기가
생각나지 않는다
내 곁에 살구나무가
낯설다

꽃은 지고 그 너머가
보이지 않는다

물이 흘러가다 반짝인다
나는 조금씩
너와 가까워졌다

이야기가 잘 떠오르지 않는
짧은 봄날

근기

鄭羲成

선사가 선방 앞에
홍련화 절세가인을 세워둔 뜻은
피 끓는 속엣정 어찌 주무를지 봄이었다

앳된 처녀 우바니는 멀찍이 돌아갔고
상좌는 빈 하늘 보듯 힐끔거렸다

불목하니가 종일 비질인데
승이니 속이니 경계없이
요동치 않는 것이었다

봄의 초대장

조미경

언 땅을 뚫고 배시시 웃음 짓는 복수초
봄을 알리는 나팔수 되어
헐벗은 나뭇가지에 혼을 불어넣는다

살갗이 찢기는 아픔을 견디며
새로운 탄생의 기쁨을 만끽
서둘러 찾아온 삼월을 맞는 매화

미련이 남은 겨울
독기를 품고 한파를 이고 앉아
봄바람을 밀어내고 있다

아지랑이 버들강아지 부르면
아껴 두었던 나들이옷 입고
그리운 이를 마중한다.

붉은 동백에 입맞춤하며

새싹이 돋는 동산에 서서

가슴을 활짝 열어 임 마중하리라.

무슨 색깔이 나올까

조병무

저 바람을 손아귀에 쥐고
꼬옥 짜면
무슨 색깔이 나올까.

저 하늘을 양손에 쥐고 더욱
꼬옥 짜면
무슨 색깔이 나올까.

그러나
그러나
저 사람의 말씀을
마음으로 눌러 짜면
또
무슨 색깔이 나올까.

사랑하는 사람끼리

그

사랑을 사랑으로 짜면

정말

무슨 색깔이 나올까.

토요일 오후같이

주선미

공원 한쪽 벚나무에 앉은 새소리를 훔쳐다
소음을 지워본다
어디까지 온 것일까
어디로 갈 것인가
흔들리는 나뭇가지를 바라보는데
물이 듬뿍 묻은 수채화 붓이 지나간 도화지처럼
번지는 풍경들
나무이파리 푸르게 쏟아지고
그늘 수북한 구석에서도
계절은 저렇게
화사한 꽃을 피우고
바람이 지나가도록 몸을 비키는데
자물쇠 걸고 앉아
어지럼증이나 탓하고 있었을까
그러지 말자

약속 없는 토요일 오후같이 지내자

밟는 데마다 봄 아닌 곳이 없다

바람 2

차옥혜

네가 떠도는 것을
누가 탓할 수 있으랴
머물면 너는 죽는 것을
떠나는 네 발을 끌어안고 싶다마는
모든 인연에
헤어짐 없는 것이 어디 있느냐
떠나
너는 너이고
머물면
이내 네 모습 사그라지니
네가 떠도는 것을
누가 탓할 수 있으랴
저만치 떠나고 있는 네 뒷모습이
쓰라리고
아름답다

빈 집 1

최민초

너 오래도록 여기
웅크리고 있었구나

납작 엎드려
말갛게 눈 뜬 채
차마 썩지도 못한 세월
서럽게 견뎠구나

한때 당당하게 씨를 품었을
너
지금 동그마니 슬프구나
너, 또 씨를 품을 거니?
(어머니, 그래도 또 씨를 품을 겁니까?)

눈을 감다

하승윤

법당 앞 은행나무에
노란 나비 같은 이파리들이
잔뜩 모여들었다

비바람 불던 며칠 뒤
앙상한 가지들만 남았다

어디로 갔을까

저 노란 리본을 매단 손은

손을 놓자

눈이 부셨다

외장하드 유에스비

허진석

저런 식으로 여행할 것이다
꼬리를 물고
시선視線 한 번이면
시간도
신호도
목숨도

… 나도

먼 혹성
블랙홀
죽음을 배송하거나
이사하거나
성간열차星間列車
영혼 데이터

찬꽃 한 채

홍신선

간밤내 누가 와 달그럭대며 문짝을 땄는가.
새벽녘 한기에도
빗장 풀고 꽃부리 활짝 열어젖힌 매화 한송이,
거기 저 안쪽 내당에선 정근精勤 주송이라도 하는지
간밤 내내 흘러나왔노니,
뮤즈여 뮤즈여 시의 딸이여
명호 되뇌어 읊는 소리.

이제 나는 저 시린 찬꽃으로
으늑한 여기 절집이나 한 채 지어두고 가려한다.

* 절집 한 채: 서정주의 시 「가벼이」에서 가져왔음.

돌아가는 집

황사라

비산동 489의 43번지

치매를 앓던 할머니
중풍에 걸린 아버지
암에 걸린 아내
형사가 수시로 드나들고
모두가 세상을 떠나
흉가라 불리던 집

속으로 조용히 울면서
미워하고 또 미워해서
자꾸 불러보던 그 집

그립고 그리워서
생전에는 갈 수 없어서

낙타를 타고* 간

지상에 없는 마지막 집

* 신경림 「낙타」

한 사람
— 신경림 선생님 1주기에

휘 민

갈대처럼 흔들리는 가난한 영혼들 곁에서
손을 맞잡고 조용히 울고 있었다
짓밟히고 깨어지는 것들의 등을 다독이며
마지막까지 음지에 서 있었다

그가 뿌린 씨앗들은
구름이 되어 흐르다
바람이 되어 떠돌다
쓰러진 자들의 꿈을 일으키는
별[庚]이 되고 숲[林]이 되었다

이미 지나간 과거가 아니었다
가슴 뜨거운 현재이자 연대였다
우리가 함께 써내려갈 미래였다

동국문학인회 시화집

살아 있는 것은 다 아름답다

초판 1쇄 발행   2025년 5월 2일

지은이	신경림 외
그린이	김성로
펴낸이	고미숙
펴낸곳	쏠트라인saltline
등록일	2016년 7월 25일
등록번호	제 2024-000007호
이메일	saltline@hanmail.net
배포처	도서총판 운주사 02-953-7181
ISBN	979-11-92139-76-0 (03810)
값	13,000원

- 이 책의 판권은 지은이와 쏠트라인에 있습니다.
- 이 책 내용의 전부 또는 일부를 재사용하려면 반드시 양측의 서면 동의를 받아야 합니다.
- 잘못 만들어진 책은 구입하신 서점에서 교환해드립니다.